Verwirrt

RABIA SYYN

Verlag: BoD · Books on Demand GmbH, In de Tarpen 42,
22848 Norderstedt, bod@bod.de
Druck: Libri Plureos GmbH, Friedensallee 273, 22763 Hamburg
ISBN: 978-3-7693-0458-9

Nicht jedes Leben ist kunterbunt. Nicht jeder genießt das gute Schicksal. Glück wartet nicht hinter jeder schweren Phase.
Glück ist wie ein Gast. Er kommt und geht. So wie es ihm passt.
Dorthin, wo es ihm passt.
Mich mag er anscheinend nicht so ...
Nicht jedes Leben ist kunterbunt. Nicht jedes Leben hat ein Happy End.
Nicht jedes Buch hat ein Happy End.
So hat auch dieses keins.
Dieses Buch ist eine Sammlung von jedem Moment, in dem ich Glück gebraucht hätte. Aber Glück ist anscheinend nicht jedermanns Gast.

Versuche jetzt schon seit längerem zu erklären, was in mir vor sich geht.
Ich fühl mich wie in einem labyrinth gefangen und je tiefer ich hineingehe,
um den Ausweg zu finden, desto tiefer zieht es mich in sich hinein
und ich fühle mich immer verlorener, finde nicht raus...

Ich fühle wie jeder Herzschlag schwerer, jeder Atemzug tiefer,
jeder Schritt härter, jedes Geräusch lauter wird und die Welt sich schneller dreht.
Mein Kopf kurz vor'm Zerbrechen halte ich meine Ohren zu und schließe meine Augen.
Ich höre und spüre meinen eigenen Atem nun deutlicher. Unregelmäßig und schnell.
Mir ist schwindlig. Plötzlich folgt ein schmerzhaftes Stechen von der linken Seite meiner Brust. Ich kriege schwer Luft. Meine Augen sind geschlossen, doch ich fühle, wie sich alles dreht. Also kreuze ich meine Arme vor meinem Gesicht, sodass ich mit meiner rechten Hand meine linke Schulter und ebenso mit meiner linken Hand meine rechte Schulter berühre und fange an mir auf die Schultern zu klopfen. Es war immer nur ich mit mir selbst, allein. Ich bin es gewohnt, mich selbst zu trösten. Ein paar Tränchen gleiten meine Wange sanft runter und ich beruhige mich. Als ich meine Augen wieder öffne, dreht sich die Welt nicht mehr. Es ist ruhig und auch wenn ich immer noch starke Kopfschmerzen habe und es sich anfühlt, als ob mein Kopf explodieren würde, bin ich wieder zurück.
Hier.
Im jetzt.

Mit dem Blick auf die hohen Gebäude, die vor mir stehen, strebe ich mit dem höchsten Lebenswille, den ich je zu fühlen bekommen habe, nach auch nur einem letzten Atemzug.
Es ist ruhig, keine Menschenseele in Blick.
Das lauwarme Wetter begleitet vom sanften, kühlen Wind und dem Zwitschern der Vögel ...
So steh ich da mit dem Blick auf die hohen Gebäude.
Die Zeit bleibt stehen.
Nur ich und die Natur. Mit den Gedanken zurück zum Ursprung ...
So steh ich da mit dem Blick auf die hohen Gebäude, betteln nach Atem.
ICH WILL LEBEN.
Auch wenn ich jeden Tag sterben wollte,
heute will ich leben.

So unendlich der Himmel mir erschien
unter den weißen großen Wolken,
so war es mein Schmerz,
der das Leben unendlich erschwerte.

Wie die Vögel,
die durch die Luft glitten,
so waren es die Ängste,
die meinen Himmel verzierten.

Die Schriften,
welche die gigantischen Flieger hinterließen,
diese waren es,
welche mein Schicksal in den Himmel schrieben.

Sterne, die die Nacht erleuchteten
Sie fehlten mir.
Mein Mond in der Nacht verschwand
und die Sonne ging nie auf.

Die Blumen welkten
und Schnee fiel sanft auf meine Wiesen
Der Sommer kam nie zurück ...

Menschenmengen strömen durch die engen Straßen,
So strömen mir auch durch den Kopf Tausende Gedanken.
Das laute Gewimmel von vielen Tönen
Es kommt von Menschen und ihren Klönen.

Ich ertrage es nicht mehr,
Will weg, will rennen.
Doch wo soll ich hingeh'n
Wenn ich doch nicht kann
Mir selbst entkommen.

Die Stimmen werden lauter,
Ich ertrage es nicht mehr!
Die Schmerzen werden größer,
Und die Erde ruft laut nach mir.

So tanz ich nun den Totentanz,
Feier meinen Todestag.
Die Tage vergehen und es kommt näher.
Bald gibt's kein Stress, keine Schmerzen mehr.

Eine sehr starke Emotion, eine Zusammensetzung von Trauer, Schmerz, Enttäuschung, Hoffnungslosigkeit, Verwirrung, Trauma, Depressionen, Angst, Überwältigung und inneres Zerbrechen.
Eine sehr bekannte, aber undefinierbare Emotion umgreift mein Herz, meine Lungen, meinen gesamten Körper und ich blicke auf mein Spiegelbild. In meine verzweifelten Augen, die nach einer Rettung, einem Ausweg suchen, aber im Gefängnis des eigenen Körpers gefangen ist.
Wie oft ich ans Sterben gedacht habe in dieser gesamten Zeit.
Ich ertrage es nicht mehr.
Und ich verstehe jetzt viel besser, dass mich das alles ganz unbewusst von tief inneren leise aufgegessen hat. Ich habe das Gefühl, wieder krank zu werden und ich kann meinem Körper einfach nicht helfen. Ich versage. Nicht nur mental. Mein Körper versagt auch.

Ich weiß nicht mehr weiter.
Jedes Mal, wenn ich mich bessern will oder irgendwas ändern möchte, zieht mich irgendwas so dermaßen zurück und ich verliere alles an Kraft, Motivation, Geduld, Kopf, dass ich mir immer und immer wieder mit so viel Zeit aufbauen muss. Es ist so schwer, sich nicht irritieren zu lassen und den Weg nicht aus den Augen zu verlieren.
Wie frische Glaube, nicht reif genug, um nicht beschädigt zu werden ...
Ich habe Angst.

Es ist schon merkwürdig, dieses Gefühl in einem Körper zu stecken, die Seele gespalten. Zwei geprägte Personen, eine kämpft für die Welt, die andere für das ewige Leben. Und trotz der aufklärenden Beschreibung und Namen realisiere ich wohl stets nicht, was ewig ist. Hätte ich das verstanden, würde es nicht so schmerzen, kurzfristige Genüsse des Lebens loszulassen. Über Leidenschaften ist die Rede. Mein Herz würde für den rechten Weg schlagen und nicht so schmerzen für alles, was ich zwanghaft versuche loszulassen. Vielleicht ist es ja auch gar nicht die Ewigkeit, die ich nicht ganz begreife.
Es ist verwirrend, genau zu wissen, was Wahrheit, was Lüge ist. Oder lasst es mich Realität nennen. Wahrheit ist subjektiv. Abhängig von der Person selbst. Man sagt ja, jeder lebt in ‚seiner eigenen Wahrheit'. Realität entspricht keiner Perspektive. Verwirrend ist das „Zwischen drin".
Gefangen in seiner eigenen Wahrheit und im Wissen, dass diese Wahrheit ein Traum ist, fern von Realität. Es ist brutal und bizarr zu wissen, was Realität ist und trotzdem will man es nicht akzeptieren, weil dieses Gefühl, die Emotion dieser falschen Wahrheit so umfangend ist.

Zwei geprägte Personen, zwei starke Kämpfer und mein Körper ein Schlachtfeld. Eine vergiftete Seele, die ums Leben kämpft. Denn ich kenne die Realität, doch irgendwas will und kann diesen zuckersüßen Traum nicht aufgeben. Mein Herz teilt sich in zwei und kämpft mit sich selbst, gegen sich selbst, für sich selbst.

- Der Kampf zwischen der Seele und Nefs...

Mir ist wieder übel. Die Stimmen um mir herum werden lauter. Jedes Wort, jeder Schritt, jedes Kratzen von jedem Stift, jeder Atemzug, jede tickende Uhr, alles.
Alles ist zu laut. Meine Ohren schmerzen und der Druck im Kopf steigt enorm.
Mir ist schwindelig.
Ich fühle mein Herz rasen. Meine Augen werden rot und brennen. Meine Haut aber wird kalt und kurz darauf werde ich blass im Gesicht.
Schmerz.
Kriege schwer Luft und mein Magen zeiht sich zusammen. Meine Augenlider werden schwer. Menschen denken, ich sei müde. Dabei versuche ich einfach nur da zu bleiben ... und irgendwann legt es sich wieder. Ruhe.
Und alles ist wieder normal.

Meine Vergangenheit ist voller Reue. Reue im Ausmaß groß genug, um Hass mir selbst gegenüber zu bilden.
Es gab da diesen Spruch;
"*Man kriegt nach dem Tod mehr Blumen, als man sie bekommt, wenn man noch am Leben ist*".
Jetzt erst verstehe ich, was das bedeutet. Und irgendwo kommt die Tiefe und Ernsthaftigkeit der Liebe auch erst mit der Reue.
Und hier wieder;
"*Man kennt den Wert der Dinge und Personen erst dann, wenn sie schon weg sind*".

Menschen sind anscheinend einfach nicht in der Lage, das Schöne wahrzunehmen, ohne zu schmerzen.

Betäubt.
Ich weiß nicht wirklich, was es ist. Ich empfinde einfach nicht mehr. Nichts macht glücklich. Aber von Schmerz ist auch nicht die Rede. Ich versinke nicht mehr in Gedanken. Nur noch in Stille und Leere. Frage mich manchmal, ob das nicht eigentlich was Gutes ist, nicht zu schmerzen. Aber die Monotonie bringt kein Antrieb mit sich. Alles ist leer.
Es ist nicht so, dass die Dinge, die ich machen muss, mich stressen. Es ist nicht so, dass ich meinen Verantwortungen nicht nachgehe. Ich tue, was zu tun ist, ich habe nur keine Lust, kein Antrieb und dadurch einfach keine Kraft.
Betäubt. Alles leer und ich habe keine Kraft mehr.
Und trotz dem betäubenden Gefühl bin ich doch verletzt. Ich bin verwirrt, frustriert, erschöpft, traurig, wütend, müde und irgendwo dann doch ...
einfach okay.

Ich bin gefangen
Und damit meine ich nicht Betonzellen,
Mit Metallbetten und trockenem Reis.
Unsere Betten sind gefedert
Und das Essen verdient einen Preis

Unsere Zimmer sind warm und sauber,
Im Badezimmer ist es hygienisch
So wie die Toiletten
und auch sonst fehlt es uns an gar nichts.

Wir haben hier keine Wächter,
Hier gibt es Lehrer,
Doch die Lehrer sind sogar fast wie Geschwister.

Sie sorgen um uns
Und achten darauf, dass alles okay ist,
Egal wie oft du zum Unterricht spät bist.

Wenn du dich freust,
Freuen sie sich mit.
Wenn du traurig bist,
Gibt's ein Motivationstritt.

Wir sind 24/7 in einem Gebäude,
Das Leben gewidmet ans lernen.
So ist auch ohne Handy alles perfekt,
Dank jene, die uns lehren.

Bei mir ist es der Wille, der fehlt,
Der den Sturm in mir hegt.

Egal wie toll der Ort sein mag,
schenk' mir Welten und Erden,
Es wird sein so eng wie im Sarg,
Ohne Wille aus tiefstem Herzen.

Samstag.
Der einzige Tag der Woche, an dem ich ausschlafen könnte und ich sitze wieder hellwach da und schreibe. Es ist ruhig. Meine zwei Zimmernachbar, so wie alle anderen schlafen noch. Das Fenster ist leicht gekippt und von draußen hört man Vögel zwitschern. Gedanken rasen durch mein Kopf und belästigen die angenehme Ruhe. Streiche wieder Tage aus dem Kalender und zähle, wie lange ich hier noch bin.
22 Tage bis ich für eine Woche zu Hause bin.
Und ich zähle, wie lange das alles noch gehen wird.
674 Tage.
16176 Stunden.
970560 Minuten.
Mir wird eng und übel. Und grad, wo ich schreiben will, was mir im Kopf vorhergeht, ist Stille. Frustriert und auch irgendwie dankbar für die Stille, blicke ich aus mein leeres Blatt.
Oben vier Wörter.
"Ich kann nicht mehr".

Ich bin immer noch verwirrt.
Irgendwie da, irgendwie nicht.
Irgendwie glücklich, irgendwie nicht.
Irgendwie traurig, irgendwie nicht.
Irgendwie zufrieden, irgendwie nicht.
Irgendwie hass ich mich, aber irgendwie auch nicht.
Irgendwie verzweifelt und deprimiert, irgendwie nicht.
Irgendwie will ich alles zerstören und zertrümmern, irgendwie nicht.
Irgendwie will ich bleiben, irgendwie nicht.
Bin da, aber irgendwie nicht.
Lebe, atme, ich bin da und doch einfach zu abwesend, um da zu sein.
Weder anwesend, noch ganz verschwunden. Ich bin verwirrt und will weg.
Einfach nur noch weg.

"Sei positiv"
"Denk positiv"
"Sei nicht so negativ"
Ich habe gelernt, dass so was nicht möglich ist. Man kann nicht immer positiv sein, so läuft das Leben einfach nicht. Es ist einfach nicht alles immer positiv und das sollte doch eigentlich okay sein. Negatives einfach mal wahrnehmen und auch mal fühlen, um es zu verarbeiten ... Menschen verwechseln optimistisch sein mit positiv sein.
Optimismus bringt nichts, ohne Negatives wahrzunehmen. Worüber soll man den optimistisch denken, wenn alles so positiv ist.
Unterdrückung ist keine Lösung. Es ist der Aufbau einer größeren Zerstörung.
Aufstauen von tausend Bomben, die irgendwann explodieren und dann aber alles um sich herum niederbrennen.
So wie ich es tat.
Jetzt ist meine Wunde so viel tiefer, als sie hätte sein können ... sie mag nicht mehr heilen.

Ich mag viel weinen und schmerzen, das stimmt. Doch umso viel wird runtergeschluckt und verdrückt. Mein letztes Jahr ist mit Weinen vergangen. Aber reichen die Tränen, die ich vergossen habe, um die Jahre davor nachzuholen?

Es hat sich allein in den letzten 3 Wochen so viel aufgestaut ...
"Ich habe mich immer gefragt, wo sich all die Tränen, die ich nicht weine, ansammeln".
Mein verwundetes Herz bildet Krusten. Krusten brechen zu Löchern. Löcher werden gefüllt mit Tränen, die keinen Ausweg finden.
Jetzt versteh ich, warum mein Herz so schmerzt,
warum es nicht mehr schlagen will.

Menschen leben nur einmal.
Das heißt aber auch, sie leben zum ersten Mal.
Nicht nur Kinder lernen alles neu kennen,
auch Mütter haben neue Hürden zu bekämpfen.

Väter waren nicht immer Stamm der Familie,
jeder braucht eine Hand und jeder braucht Liebe.

Wir vergessen zu oft, dass auch Eltern mal jung waren.
Wir heulen ständig rum und beschuldigen sie,
während sie ihre Liebe bewahren.
Eine junge hübsche Frau, die ihre Jugend für ihr Kind aufgibt.
Ein junger Mann, der Verantwortung einer neuen Welt auf sich nimmt.

Eltern mögen Helden sein, doch so sind auch sie nur Menschen.
Auch sie müssen weinen, können nicht immer Lächeln fälschen.

Eltern sind Kinder. Kinder anderer Eltern.
Auch sie machen Fehler, das ist das natürlichste.
Letztlich ist nicht nur Reifern schwer,
auch Ältern tut weh.
Wenn man reifert, sind Eltern da,
wenn man ältert, sind es die Kinder.

Jeder braucht jemanden, so versteh,
auch deine Eltern leben das erste Mal.
Und das ist ohne und & aber völlig okay.

Perfektionismus, Selbsthass, Frust und Verzweiflung.
Bin schon wieder mit Tränen in den Augen und überlege, wie ich meine Gefühle diesmal zum Ausdruck bringen soll. Noch bevor ich losweinen und mich einfach mal ausleeren kann, verschwinden die Tränen.
Betäubt. Habe weder Kraft noch die Lust, irgendwas zu machen. Alle Muskeln werden schlapp. Ich frier und mein rechtes Ohr schmerzt. Mein Hals ist wieder dick und meine Hände brennen. Trotzdem frier ich. Werde kran, das fühl ich, es ist aber viel zu früh ... Mein Körper darf nicht einfach aufgeben. Ich muss weiter machen, weiter lernen, weiter schreiben, weiter kämpfen und dem ganzen Tagesplan weiterfolgen.
Mein Herz rast wieder, mir wird schlecht. Blass im Gesicht brech ich nun doch zusammen. "Ich hab mein Vater vermisst!" kommt's aus mir raus. Mein Vater. Ein Held. Aber nicht so wie andere Helden-Papas. Mein Vater hat sein Leben für seine Kinder geführt. Alles was er je getan hat, war immer für uns. Er hat uns nie aufgegeben. Ich habe geweint, geschrien, ihn beschuldigt, mit harten Worten verletzt aber Papa ist stets der Meinung:
"Ich werde dich immer lieben. Mach dir keine Sorgen um mich. Das einzige, was mich traurig machen kann, ist, dass du traurig bist. Also wenn du mich nicht traurig machen willst, sei einfach selbst glücklich. Mehr will ich nicht. Dein Glück ist mein Glück".

Es tut mir leid Babam. Ich wollte dich nie brechen.
Ich weiß nur selbst auch nicht weiter.
Es tut mir leid.

Es ist dieser fatale Druck im Hals, der mit lauten Schreien und großen Tränen ausbrechen möchte. Es ist der Wunsch nach dem Tod, weil jede andere Sehnsucht immer so unmöglich und weit weg war, das sie zum Tod selbst geführt haben. Es ist die Trauer der verdorbenen Seele und verlorenen Kindheit. Es ist der Schmerz der Liebe, die man gebraucht hat, aber nicht bekommen hat. Nicht weil man nicht geliebt wurde, Liebe ist manchmal nur unerreichbar.

Es sind die Augen, die bei jedem Lachen der Lippen Blut weinen. Und die Lippen selbst, die lachen, während die Seele blutet. Weinen die Augen deshalb Blut? Weil die Augen Spiegel der Seele sind?

Es sind die Hände, die fürchten zu halten, da sie zu oft losgelassen wurden. Es sind Beine, die nicht mehr laufen, da sie gebrochen wurden. Es ist das Herz, das nicht mehr lieben und glauben kann, da es zu oft getreten und verletzt wurde.

Ich guckte sie mit einem Lächeln und tränenden Augen an.
"Wir waren schon immer so unterschiedlich".
Vielleicht war es vom Anfang an klar. Wir wollten es nur nicht akzeptieren.
Ich brach in Tränen aus und meine Schwester klopfte mir auf die Schulter.
Wenn sie nur wüsste, wie verwirrt ich immer noch bin.
Sie lächelte.

Sitze schon wieder mit schweren Lungen da. Kann den Schmerz im Herzen nicht ganz identifizieren. Weiß nicht, ob mein Puls steigt oder sinkt. Der Druck ist enorm und steigt bis in mein Kopf. Trotzdem muss ich schreiend lernen, so wie es alle anderen tun. Ein Militärleben ohne Waffen.
Irgendwie tut es verdammt weh, ständig Unrecht zu erleiden und gleichzeitig zu kämpfen, um Erwartungen zu erfüllen.
Schreien fällt mir in solchen Situationen sehr schwer. Je mehr Kraft ich in meine Stimme stecke, desto schwächer werde ich für die Selbstkontrolle. Anders gesagt; Je lauter ich bin, desto schneller zerfalle ich und breche in Tränen aus.
Ich muss mich zusammenreißen ...

Wie lange es wohl schon geht ...
Das ich Stück für Stück breche und immer tiefer sinke, ohne es zu merken. Wie lange geht es wohl jetzt, dass ich meine Emotionen so stark unterdrücke, dass ich sie nicht mehr richtig fühle. Wie lange fressen mich meine Gedanken wohl schon auf, ganz unbewusst, vom Inneren, ganz leise und langsam, insgeheim ...
Fange wieder an zu weinen und schmerze so intensiv, dass ich schwer Luft kriege.
Wie lange es wohl schon so geht, dass es so dermaßen unerträglich wird, während es doch schon immer unerträglich war ...